CAROLINE FISCHER

STATEMENT RÖCKE *nähen*

3 Schnitte, 15 Röcke mit Wow-Effekt

CREATISSIMO
EINFACH.SELBER.MACHEN.

EMF

EIN BUCH DER
EDITION MICHAEL FISCHER

INHALT

GRUNDSCHNITT C: DER TELLERROCK

GRUNDSCHNITT A

GRUNDSCHNITT B

GRUNDSCHNITT C

DER BLAUE PFAU

DISCOKUGEL

MEERJUNGFRAU

IM NETZ GEFANGEN

GRUNDSCHNITT B: DER BLEISTIFTROCK

GRUNDSCHNITT A: DER MINIROCK

SKYLINE GLAM

FANTASIEGESICHT

MINI-MAXI

MODERN DOTS

PINK LADY

ZIGZAG AFTER WORK

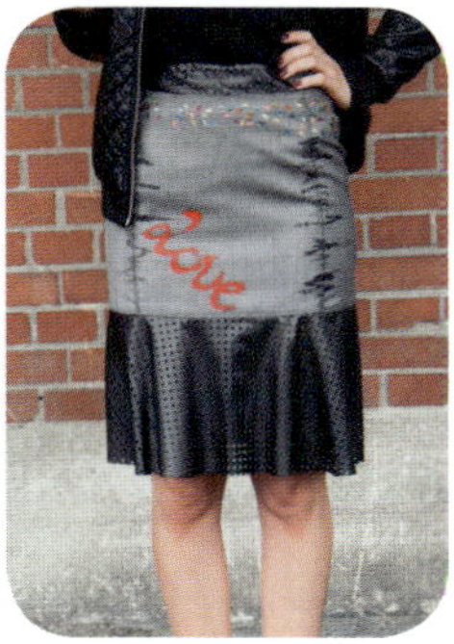

FANCY COCO CHANEL

SÜSS WIE SOFTEIS

VORWORT

LIEBE VERSETZT STICH UND FADEN

Mut, Liebe und Leidenschaft geben uns Energie, großartige Dinge in Bewegung zu setzen, zu gestalten und zu erfinden. Das Tun und der Entwicklungsprozess bringen Glück und mit Glücksgefühlen gelingt uns einfach alles. Diese Erfahrung möchte ich mit Ihnen in diesem Buch teilen.

Die Idee, aus einfachen Rock-Grundschnitten und unterschiedlichen Materialien besondere und ganz individuelle Rockmodelle zu kreieren und dabei ein Statement zu setzen, trifft den Zeitgeist und macht Spaß!

Ob schwungvoll, elegant, verspielt oder sexy, mit Textilfarbe, Applikationen oder Pailletten – der Fantasie sind keine Grenzen gesetzt. Lassen Sie sich von den Fotos und den Step-by-Step-Anleitungen inspirieren, entwickeln Sie sie weiter und variieren Sie sie. Designen Sie Ihren ganz persönlichen Statement-Rock, der Ihre Handschrift trägt.

Ich wünsche Ihnen ganz viel Freude beim liebevollen Gestalten ♡

NÄHBASICS

WERKZEUG

Nähmaschine

Grundsätzlich kann man mit jeder Nähmaschine, egal, welcher Preisklasse, gut nähen. Es kommt vielmehr auf die eigene Technik an. Mittlerweile gibt es zwischen Billiganbietern aus dem Internet und teuren Modellen keine gravierenden Unterschiede mehr. Die wesentlichen Funktionen finden sich hier wie dort.
Für die Zwecke dieses Buchs genügt eine Haushaltsnähmaschine, die über verschieden breite Geradstiche und Zickzackstiche verfügt.
Machen Sie sich mit Ihrer Nähmaschine vertraut, falls Ihre Nähkenntnisse eingerostet sind. Lesen Sie die Bedienungsanleitung des Herstellers und versuchen Sie zunächst auf Stoffresten einige Probenähte: gerade nähen, das Nahtende vernähen, Kurven und Ecken meistern. Jede Nähmaschine ist anders, und Sie und Ihr Exemplar werden durch Übung ein eingespieltes Team.

Nähgarn

Das optimale reißfeste Nähgarn für alle Stoffe und Nähte, zum Nähen mit der Nähmaschine und von Hand gibt es von der Firma Gütermann aus 100% Polyester. Die Nähgarnfarbe sollte Ton in Ton sein, im Zweifelsfall besser etwas dunkler als der Oberstoff.

Nähmaschinennadel

Empfohlene Nadel und Nadelstärke: Universalnadel NM 70–90.

Handnähnadeln

Einige Schritte lassen sich leichter von Hand nähen als mit der Maschine. Verwenden Sie die üblichen kleinen, spitzen Handnähnadeln, die Sie sicherlich ohnehin im Haus haben.

Stecknadeln & Nadelkissen

Zum Fixieren der Nähte und Applikationen, zum Befestigen der Schnittmuster auf dem Stoff oder zum Einnähen von Reißverschlüssen benötigen Sie Stecknadeln – am besten die „Stecknadeln fein" aus Stahl 34 x 0,6 mm von Prym. Für die Aufbewahrung empfiehlt sich ein Nadelkissen oder auch der eigene Ärmelsaum – so hat man sie immer griffbereit.

Maßband

Das Maßband sollte beweglich sein. Am besten tragen Sie es um den Hals gelegt.

Bügeleisen & Bügelbrett

Das Bügeln ist ein wichtiger, immer wieder auszuführender Bestandteil des Nähens. Der Stoff sollte vor dem Zuschneiden gebügelt werden, damit er faltenfrei auf der Arbeitsfläche ausgebreitet werden kann. Außerdem sollte jede genähte Naht von links auseinander- oder in eine Richtung gebügelt werden. Die Bügeltemperatur richtet sich nach dem Material.
Gut gebügelt ist halb genäht, sagt man. Vorzugsweise geschieht das mit einem Dampfbügeleisen mit hoher Dampfkapazität und Qualitätssohle. Das spart Zeit und macht mehr Spaß!

GUT GEBÜGELT IST HALB GENÄHT!

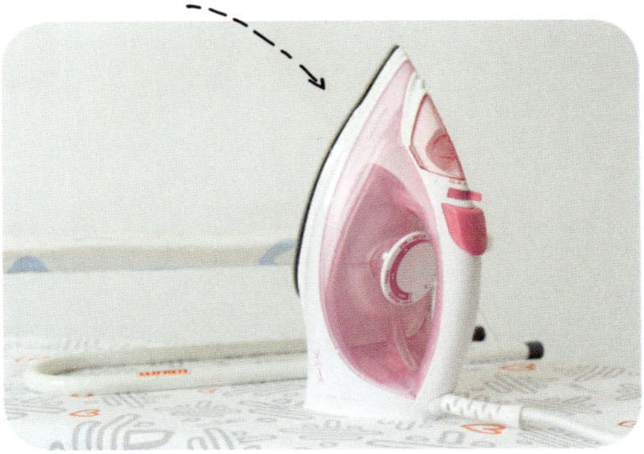

NÄHBASICS

WERKZEUG

Stoffschere

Gute Scheren sind beim Nähen unerlässlich. Mit einer speziellen Schneiderschere geht alles deutlich präziser und rascher von der Hand. Verwenden Sie Ihre Schneiderschere nur zum Schneiden von Stoff. Für das Zuschneiden von Stoff gilt: zweimal messen, einmal schneiden!

Kleine, spitze Schere

Zum Auftrennen von Nähten, Abschneiden von überstehenden Fädchen und Einschneiden von Knipsen eignen sich spitze kleine Scheren, im Notfall auch die Maniküre-Nagelschere.

Papierschere

Für das Ausschneiden der abgepausten Schnittmuster verwenden Sie eine Papierschere.

Stift & Papier zum Abpausen der Schnittmuster

Seidenpapier eignet sich gut zum Durchpausen von Schnittmustern, aber auch Backpapier oder normales weißes Papier von der Rolle erfüllen ihren Zweck. Verwenden Sie einen Stift mit dünner Mine, um Ungenauigkeiten zu vermeiden.

Schneiderkreide

Kreidestück zum Ein- oder Nachzeichnen von Markierungen auf den Stoffteilen. Auch zum Vorzeichnen beim Verzieren geeignet.

Großes Geodreieck

Eignet sich zum Vorzeichnen rechteckiger Schnitteile, die Sie ohne Schnittmusterbogen einfach direkt auf dem Stoff markieren.

Lochkreisschablone

Nützlich, aber nicht notwendig. Dieses Lineal mit ausgestanzten Kreisen hilft beim Vorzeichnen kreisrunder Formen.

Textilkleber

Für das Anbringen von Applikationen und dergleichen praktisch. Die Arbeit damit geht schnell von der Hand, und der Kleber ist wasch- und reinigungsbeständig.

Pinsel

Zum punktgenauen Auftrag von Textilkleber und für die Arbeit mit Textilfarbe .

ZWEIMAL MESSEN, EINMAL SCHNEIDEN

SCHNEIDERKREIDE IM EINSATZ

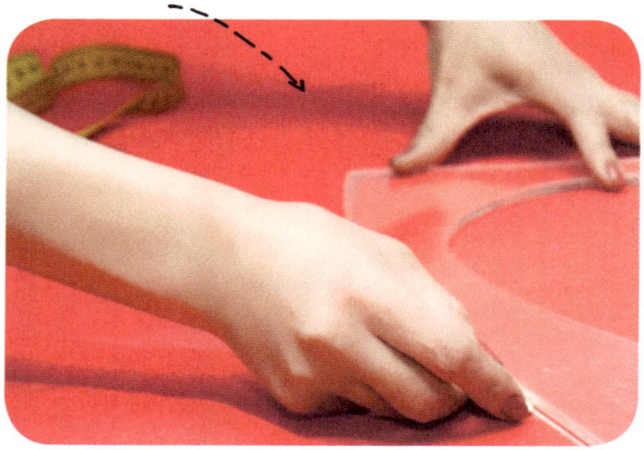

NÄHBASICS

STOFFE & CO.

Stoffe

Viele der enthaltenen Röcke können Sie mit Stoffen aus reiner Baumwolle nachnähen. Ich empfehle jedoch, je nach Projekt, Baumwolle, Schurwolle oder Polyester mit einem Elasthananteil zu verwenden, da die Trageeigenschaften dieser Stoffe besser sind. Entscheiden Sie je nach Fall des Stoffs und nach erwünschtem Effekt. Baumwoll-Polyester-Jersey, wie er für „Im Netz gefangen" verwendet wird, fällt beispielsweise ganz anders als der Chiffon der „Meerjungfrau". Wählen Sie Stretchstoff, wenn Sie einen figurbetonenden Effekt wünschen, Chiffon aus Seide oder Polyester, wenn es schön flattrig sein darf, und einen Schurwollmix, wenn der Rock businesstauglich sein soll.
Entdecken Sie Materialien wie Tüll und Kunstleder. Auch Stoffe in Loch-Optik oder mit Transparenz bieten sich für einen Statement-Look an, teurere Stoffe wie Seide verwenden Sie für kleinere Schnittteile wie z. B. einen Kontrastbund oder zum Verzieren. Empfehlenswert sind Dupionseidenstoffe. Sie schillern und lassen sich leicht verarbeiten. Beachten Sie beim Einkauf Schimmer, Griff, Gewicht und Fall des Stoffs. Bei Farben und Mustern wählen Sie einfach, was Ihnen gefällt und steht.

Einlage

Unter Einlagen versteht man in verschiedenen Stärken und Qualitäten erhältliche Materialien, die zwischen Oberstoff und Beleg gefasst werden, um dem Kleidungsstück mehr Festigkeit und Formstabilität zu geben. In diesem Buch wird mit gewebter Einlage zum Festbügeln gearbeitet. Sie benötigen diese für die Rockbünde.

Einlageband

Als Meterware erhältliches ca. 0,4 cm breites Band zum Aufbügeln. Dient ebenfalls der Verstärkung von Kanten.

KURZWAREN

Unter Kurzwaren versteht man Garne, viele verschiedene Sorten Verschlüsse, Bänder, dekorative Elemente und dergleichen Zubehör mehr.

Reißverschluss (RV)

Die Röcke in diesem Buch sind mit einem nahtverdeckten Reißverschluss genäht. Das ist ein spezieller Reißverschluss, der unsichtbar in eine Teilungsnaht des Kleidungsstücks gesetzt werden kann.

Gummiband

Für den Bund wird schwarzes fertiges Gummiband in der Breite 4 cm verwendet.

Schrägband

Im 45°-Winkel zugeschnittene Stoffstreifen zum Einfassen von Kanten. Sie können dieses in vielen schönen Sorten kaufen.

Material zum Verschönern

Streifen, Rüschenbänder und Bänder kann man sich leicht selbst aus dem Hauptstoff oder einem Stoffrest anfertigen. Für die Röcke wurden zusätzlich Pailletten zum Aufkleben, Strasssteine mit dazugehörigem Textilkleber, Paillettenband, Textilfarbe (z. B. von Javana Textil) sowie dekoratives Wollgarn mit Lurexfaden verwendet.

STOFFVORRAT

NÄHBASICS

BEGRIFFE & ABKÜRZUNGEN

Beleg

Meist aus Oberstoff genähtes, aber im Inneren des Kleidungsstücks liegendes Teil, das dem Versäubern bzw. Verstürzen von Kanten dient. Für bessere Formstabilität an den Kanten wird der Beleg meist mit einer Einlage verstärkt und erst dann an den Oberstoff gesteppt.

Einschnitt

An Spitzen und Rundungen werden die Nahtzugaben keilförmig eingeschnitten, damit sich die Nähte dem Körper besser anpassen.

Fadenlauf (FL)

Der Fadenlauf zeigt die Richtung, in die Schuss- und Kettfäden bei Webstoffen laufen. Der Fadenlauf wird auf dem Schnittbogen mit einem Pfeil gekennzeichnet und zeigt an, in welcher Richtung das Schnittteil auf den Stoff gelegt werden muss.

Hintere Mitte (HM)

Mit der hinteren Mitte wird auf Schnittmustern die Mittellinie des Rückteils eines Kleidungsstücks gekennzeichnet.

Knips

Mit diesen kleinen Einschnitten in den Nahtzugaben werden Markierungen vom Schnittmuster auf die Stoffbahn übertragen. Doppelknipse kennzeichnen bei Verwechslungsgefahr die jeweiligen Rückteile.

Linke Stoffseite

Mit der linken Stoffseite bezeichnet man immer die Seite des Stoffs, die bei einem Kleidungsstück innen liegen soll.

Nahtschatten

Im Nahtschatten werden häufig Belege oder Bundteile fixiert. Dafür wird genau in der vorhergehenden Ansatznaht z. B. ein Beleg oder Innenbund festgesteppt.

Nahtzugabe (NZG)

Die Nahtzugabe ist der Abstand zwischen der Nahtlinie und der Schnittkante. Sie beläuft sich in diesem Buch auf 1 cm, an Säumen wird eine Saumzugabe von 4 cm (außer Tellerröcke, da 1 cm) dazugegeben. Die Naht- und Saumzugabe ist den Schnittmustern schon beigegeben.

Paspel

Aufeinandergelegte Stoff- oder Bandstreifen, die sich farblich abheben können und der Verzierung oder Naht- und Kantenbetonung dienen.

Rechte Stoffseite

Die rechte Stoffseite ist die außen liegende und die ggf. mit der Musterung versehene.

Riegel

Kleine, eng genähte Reihe von Zickzackstichen für stark beanspruchte Stellen.

Rüsche

Gekräuseltes Stoffteil, das als Zierde an Kleidungsstücke genäht wird.

Saum

Der Saum ist die versäuberte Unterkante eines Kleidungsstücks. Je nach Stoffart wird der Saum unterschiedlich genäht (z. B. Rollsaum, gesteppter Saum).

Schnittkante

Ganz außen liegende Kante eines Schnittteils.

Schnittteile

Ein Schnittmuster besteht aus verschiedenen Schnittteilen, die – aus Stoff zugeschnitten und dann zusammengesetzt – das Kleidungsstück ergeben.

NÄHBASICS

Stoffbruch
Umbruchlinie (Faltkante) des Stoffs. Soll ein Schnittteil im Bruch zugeschnitten werden, muss das Schnittmuster exakt an die Bruchlinie des Stoffs angelegt werden.

Stoffverbrauch
Kalkulierte Menge an Stoff, der zum Nähen eines Kleidungsstücks benötigt wird. In diesem Buch ist der Stoffverbrauch immer für eine Stoffbreite von 140 cm angegeben.

Vordere Mitte (VM)
Mit der vorderen Mitte wird auf Schnittmustern die Mittellinie des Vorderteils eines Kleidungsstücks gekennzeichnet.

Webkante
Seitliche Abschlusskanten des Stoffs. Können nicht ausfransen.

Weitere Abkürzungen
VT: Vorderteil
RT: Rückteil
SN: Seitennaht

TECHNIKEN

Absteppen
Eine Naht oder Kante wird abgesteppt, um diese zu stabilisieren oder zu verzieren. Dabei wird häufig knappkantig gesteppt, d. h. das Nähfüßchen läuft nah neben der Naht oder Kante.

Durchpausen
Methode zum Kopieren eines Schnittmusters aus einem Schnittbogen mit mehreren Schnitten. Man bügelt zunächst den Schnittbogen glatt, legt dann Seidenpapier darüber und zeichnet die einzelnen Konturen der Schnittteile mit einem dünnen Stift nach. Dabei müssen auch alle Markierungen mit übertragen werden.

Ecken abstumpfen
Die Nahtzugaben von Ecken rechts auf rechts zusammengenähter Stoffteile werden zurückgeschnitten, ohne die Naht zu verletzen. Nach dem Wenden stülpen sich die Ecken dadurch besser aus.

Einfassen
Methode zum Versäubern und/oder Verstärken von Säumen und Kanten. Dabei wird ein Band oder ein Schrägstreifen bündig über den Saum oder die Kante gesetzt.

Kräuseln
Zwei Reihen lockere Geradstiche werden dicht nebeneinander auf den Stoff gesteppt und am Ende nicht vernäht. Durch das Ziehen am Unterfaden wird der Stoff eingekräuselt, sodass der Stoff in Rüschen fällt.

Steppen
Gerade nähen.

Versäubern
Erster Schritt nach dem Zuschneiden der einzelnen Stoffteile. Dabei werden diese mit einem groß eingestellten Zickzackstich direkt an der Schnittkante „umzackelt". Ein Ausfransen des Stoffs wird somit verhindert.

Verstürzen
Technik, mit der zwei Stoffkanten so zusammengenäht und gewendet werden, dass die Nahtzugaben zwischen den Kanten liegen und nicht mehr sichtbar sind.

GRUNDSCHNITT A: DER MINIROCK

MATERIAL

- Rock: mittelschwere Baumwolle mit Elasthan, z. B. in Grün mit floralem Print, 50 cm
- Bund: Dupionseide, z. B. in Grün, 30 cm
- Bund: Gewebeeinlage, 30 x 100 cm
- Nahtverdeckter Reißverschluss, z. B. in Grün, 22 cm
- Nähgarn, Ton in Ton für Oberstoff und Kontraststoff

Stoffverbrauch
bei Stoffbreite 140 cm

Oberstoff: 50 cm
Kontraststoff: 30 cm

Maße Gr. 34
Taille: 67 cm
Hüfte: 95,5 cm
Gesamtlänge: 42 cm

Maße Gr. 36
Taille: 71 cm
Hüfte: 99,5 cm
Gesamtlänge: 42 cm

Maße Gr. 38
Taille: 75 cm
Hüfte: 103,5 cm
Gesamtlänge: 42 cm

Maße Gr. 40
Taille: 79 cm
Hüfte: 107,5 cm
Gesamtlänge: 42 cm

Maße Gr. 42
Taille: 83 cm
Hüfte: 111,5 cm
Gesamtlänge: 42 cm

Maße Gr. 44
Taille: 87 cm
Hüfte: 115,5 cm
Gesamtlänge: 42 cm

ANLEITUNG

SO GEHT'S

1 Zuschnitt von Rock A: Der Mini

- Oberstoff: Rock (1 x im Bruch VT Mitte, 2 x VT Seite, 1 x RT Mitte, 1 x RT Mitte gespiegelt, 2 x RT Seite)

- Oberstoff oder Kontraststoff: Bund (äußerer und innerer Bund, 2 x im Bruch VT Bund, 4 x RT Bund)

- Gewebeeinlage Bund (äußerer und innerer Bund, 2 x im Bruch VT Bund, 4 x RT Bund)

- Bevor Sie die Schnittteile auf den Oberstoff legen, sollte der Stoff gut ausgebügelt werden. Das verhindert Einsprungwerte, also Schrumpfen. Die Schnittteile werden im Fadenlauf, also parallel zur Webkante, mit Nadeln auf der rechten Stoffseite fixiert, möglichst nah aneinander, damit sich ein geringer Stoffverbrauch ergibt. Das Einhalten des Fadenlaufs ist wichtig, damit sich später die Nähte nicht ausdehnen. Sie können nun die einzelnen Schnittteile entlang der Schnittkanten sauber ausschneiden. Je besser die Schnittteile auf dem Stoff fixiert sind, desto genauer gelingt der Zuschnitt.
Besteht ein Schnittteil aus einem Kontraststoff (z.B. der Bund), wird dieser extra zugeschnitten. Außerdem wird die Gewebeeinlage zugeschnitten. Dazu legen Sie die Bundschnittteile auf die linke Gewebeseite und schneiden zu.
Achtung: Nachdem Sie zugeschnitten haben, machen Sie kleine Knipse an den entsprechenden Markierungen. Sie dienen als Orientierung, um zusammengehörige Schnittteile exakt aufeinander zu legen.

2 Rockbund mit Gewebeeinlage fixieren

Damit der Rockbund stabil bleibt und die Taille nicht ausleiert, wird der äußere und innere Bund mit einer Gewebeeinlage fixiert. Legen Sie die Gewebeeinlage-Schnittteile auf die linke Seite des äußeren und inneren Bunds und fixieren Sie die Einlage mit dem Bügeleisen. Die vorgegebene Hafttemperatur sollte eingehalten werde, da sich die Einlage sonst lösen kann. Zusätzlich können Sie die Taillennaht mit einem Einlageband sichern, um das Taillenmaß einzuhalten.

3 Schnittkanten versäubern

Als Nächstes werden alle Schnittkanten des Rocks bis auf die Bundkante und die Bundansatzkante versäubert.

Schnittteile zusammennähen

Als Erstes werden die Vorderteil- und die Rückteil-Teilungsnähte geschlossen. Dazu legen Sie die Schnittteile rechts auf rechts aufeinander, fixieren diese mit Nadeln und steppen entlang der Nahtzugabe (1 cm). Die hintere Mitte bleibt vorerst offen, da dort der Reißverschluss eingenäht wird. Wenn die Nähte geschlossen sind, bügeln Sie die Nahtzugaben auseinander. Jetzt kann der äußere Vorderteil-Bund und Rückteil-Bund an der Bundansatznaht mit dem Rock verstürzt werden. **Achtung:** Die geschlossene Naht in der Nahtzugabe keilförmig einschneiden, damit sich der Bund schön legen kann. Schließen Sie die Seitennähte.

5 Verdeckten Reißverschluss einnähen

Grundsätzlich sollte der Reißverschluss 2 cm länger sein als der Reißverschlussschlitz. Öffnen Sie den Reißverschluss und legen Sie ihn mit der Oberseite auf die rechte Stoffseite der Nahtzugabe. Drücken Sie die Spirale mit dem Daumen 1 cm von der Schnittkante entfernt glatt und fixieren Sie den Reißverschluss mit Nadeln am Oberstoff. Jetzt können Sie den Reißverschluss feststeppen. Schließen Sie den Reißverschluss und fixieren Sie das zweite Reißverschlussband mit Nadeln auf der rechten Stoffseiten der Nahtzugabe des anderen Stoffteils. Den Reißverschluss wieder öffnen und entlang der Nahtlinie feststeppen. Die Nahtzugaben nach innen schlagen. Schließen Sie dann den Reißverschluss wieder und schließen Sie die Naht bis zum Knips, also 2 cm über Reißverschlussende.

6 Bundkante mit innerem Bund verstürzen

Verstürzen Sie als Nächstes die Bundkante mit der inneren Bundkante. Die Bundkante wird eingeschnitten und die Nahtecken werden zurückgeschnitten. Die untere Kante des Innenbunds 0,8 cm einschlagen und von rechts in der Bundansatznaht feststeppen. Die Enden (hintere Mitte) des Innenbunds einschlagen und am besten von Hand am Reißverschlussband fixieren. Als letzten Schritt schlagen Sie den Rocksaum ein, bügeln ihn glatt und steppen bei 3,8 cm rundum.

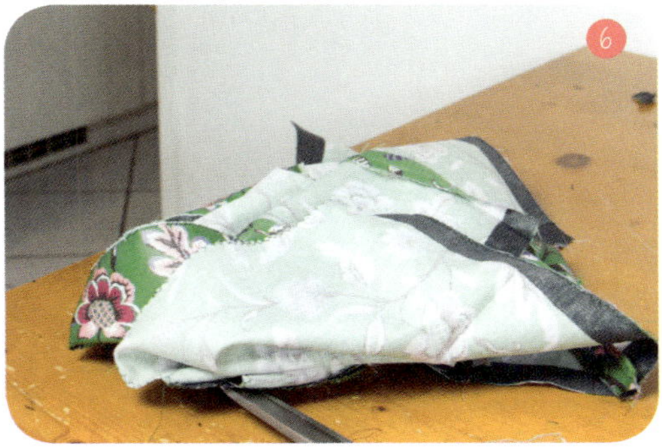

GRUNDSCHNITT B: DER BLEISTIFTROCK

MATERIAL

- Rock: mittelschwere Baumwolle mit Elasthan, z. B. mit Leo-Print, 90 cm
- Beleg: Gewebeeinlage, 20 x 90 cm
- Nahtverdeckter Reißverschluss in Weiß, 22 cm
- Nähgarn, Ton in Ton für Oberstoff

Stoffverbrauch
bei Stoffbreite 140 cm

Oberstoff: 90 cm

Maße Gr. 34
Taille: 67 cm
Hüfte: 95,5 cm
Gesamtlänge: 60,5 cm

Maße Gr. 36
Taille: 71 cm
Hüfte: 99,5 cm
Gesamtlänge: 60,5 cm

Maße Gr. 38
Taille: 75 cm
Hüfte: 103,5 cm
Gesamtlänge: 60,5 cm

Maße Gr. 40
Taille: 79 cm
Hüfte: 107,5 cm
Gesamtlänge: 60,5 cm

Maße Gr. 42
Taille: 88 cm
Hüfte: 111,5 cm
Gesamtlänge: 60,5 cm

Maße Gr. 44
Taille: 87 cm
Hüfte: 115,5 cm
Gesamtlänge: 60,5 cm

ANLEITUNG

SO GEHT'S

1 Zuschnitt von Rock B: Der Bleistiftrock

- Oberstoff: Rock (1 x im Bruch VT Mitte, 2 x VT Seite, 1 x RT Mitte, 1 x RT Mitte gespiegelt, 2 x RT Seite, 1 x im Bruch VT Beleg, 2 x RT Beleg)

- Gewebeeinlage Beleg, 1 x im Bruch VT Beleg, 2 x RT Beleg)

- Bevor Sie die Schnittteile auf den Oberstoff legen, sollte der Stoff gut ausgebügelt werden. Die Schnittteile werden im Fadenlauf, also parallel zur Webkante, mit Nadeln auf der rechten Stoffseite fixiert, möglichst nah aneinander, damit sich ein geringer Stoffverbrauch ergibt. Das Einhalten des Fadenlaufs ist wichtig, damit sich später die Nähte nicht ausdehnen. Sie können nun die einzelnen Schnittteile entlang der Schnittkanten sauber ausschneiden. Je besser die Schnittteile auf dem Stoff fixiert sind, desto genauer gelingt der Zuschnitt. Außerdem wird die Gewebeeinlage zugeschnitten. Dazu legen Sie den Vorderteil- und Rückteilbeleg auf die linke Gewebeseite und schneiden zu. **Achtung**: Nachdem Sie zugeschnitten haben, machen Sie kleine Knipse an den entsprechenden Markierungen. Sie dienen als Orientierung, um zusammengehörige Schnittteile exakt aufeinander zu legen.

2 Vorderteil- und Rückteilbeleg mit Gewebeeinlage fixieren

Damit die Taille nicht ausleiert, wird der Vorderteil- und Rückteilbeleg mit einer Gewebeeinlage fixiert. Legen Sie die Gewebeschnittteile auf die linke Seite des Vorderteil- und Rückteilbelegs und fixieren Sie die Einlage mit dem Bügeleisen. Die vorgegebene Hafttemperatur sollte eingehalten werde, da sich sonst die Einlage lösen kann. Zusätzlich können Sie die Taillennaht mit einem Einlageband sichern, um das Taillenmaß einzuhalten.

3 Schnittkanten versäubern

Versäubern Sie alle Schnittkanten bis auf die Belegkante des Rocks mit Zickzackstich.

4 Schnittteile zusammennähen

Als Erstes werden die Vorderteil- und die Rückteil-Teilungsnähte geschlossen. Dazu legen Sie die Schnittteile rechts auf rechts aufeinander, fixieren diese mit Nadeln und steppen Sie entlang der Nahtzugabe (1 cm). Die hintere Mitte bleibt vorerst offen, da dort der Reißverschluss eingenäht wird. Nachdem die Nähte geschlossen sind, bügeln Sie die Nahtzugabe auseinander. Danach schließen Sie die Seitennähte.

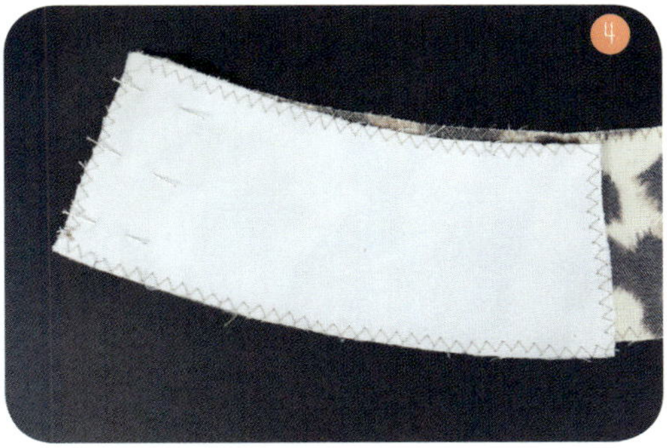

5 Verdeckten Reißverschluss einnähen

Grundsätzlich sollte der Reißverschluss 2 cm länger sein als der Reißverschlussschlitz. Öffnen Sie den Reißverschluss und legen Sie ihn mit der Oberseite auf die rechte Stoffseite der Nahzugabe. Drücken Sie die Spirale 1 cm von der Schnittkante entfernt mit dem Daumen glatt und fixieren Sie den Reißverschluss mit Nadeln am Oberstoff. Jetzt können Sie den Reißverschluss feststeppen. Schließen Sie den Reißverschluss und fixieren Sie das zweite Reißverschlussband mit Nadeln auf der rechten Stoffseite der Nahtzugabe des anderen Rückteils. Den Reißverschluss wieder öffnen und entlang der Nahtlinie feststeppen. Die Nahtzugaben nach innen schlagen. Schließen Sie dann den Reißverschluss wieder und schließen Sie die Naht bis zum Knips, also 2 cm über Reißverschlussende.

6 Bundkante mit Beleg verstürzen

Als Nächstes verstürzen Sie die Bundkante mit dem Vorderteil- und Rückteilbeleg. Die Bundkante wird eingeschnitten und die Nahtecken werden zurückgeschnitten. Die untere Kante des Belegs 0,8 cm einschlagen und von rechts im Nahtschatten der Bund-Ansatznaht feststeppen. Die Enden (hintere Mitte) des Innenbunds einschlagen und am besten von Hand am Reißverschlussband fixieren. Als letzten Schritt schlagen Sie den Rocksaum ein, bügeln ihn glatt und steppen bei 3,8 cm rundum.

GRUNDSCHNITT C: DER TELLERROCK

MATERIAL

- Rock: mittelschwere Baumwolle, z. B. in Marineblau, 130 cm
- Bund: Baumwolle in Schwarz, 30 cm
- Bund: Gewebeeinlage, 30 x 100 cm
- Nahtverdeckter Reißverschluss in Marine, 22 cm
- Nähgarn, Ton in Ton für Oberstoff und Kontraststoff

Stoffverbrauch
bei Stoffbreite 140 cm
Oberstoff: 130 cm
Kontraststoff: 30 cm

Maße Gr. 34
Taille: 67 cm
Rocksaumumfang: 371,5 cm
Gesamtlänge: 52 cm

Maße Gr. 36
Taille: 71 cm
Rocksaumumfang: 375,5 cm
Gesamtlänge: 52 cm

Maße Gr. 38
Taille: 75 cm
Rocksaumumfang: 379,5 cm
Gesamtlänge: 52 cm

Maße Gr. 40
Taille: 79 cm
Rocksaumumfang: 384 cm
Gesamtlänge: 52 cm

Maße Gr. 42
Taille: 83 cm
Rocksaumumfang: 388 cm
Gesamtlänge: 52 cm

Maße Gr. 44
Taille: 87 cm
Rocksaumumfang: 391,5 cm
Gesamtlänge: 52 cm

ANLEITUNG

SO GEHT'S

1 Zuschnitt von Rock C: Der Tellerrock

- Oberstoff: Rock (2 x im Bruch)

- Oberstoff oder Kontraststoff: Bund (äußerer und innerer Bund, 4 x im Bruch

- Gewebeeinlage Bund (äußerer und innerer Bund, 2 x im Bruch VT Bund, 4 x RT Bund)

- Bevor Sie die Schnittteile auf den Oberstoff legen, sollte der Stoff gut ausgebügelt werden. Die Schnittteile werden im Fadenlauf, also parallel zur Webkante, mit Nadeln auf der rechten Stoffseite fixiert, möglichst nah aneinander, damit sich ein geringer Stoffverbrauch ergibt. Das Einhalten des Fadenlaufs ist wichtig, damit sich später die Nähte nicht ausdehnen. Sie können nun die einzelnen Schnittteile entlang der Schnittkanten sauber ausschneiden. Je besser die Schnittteile auf dem Stoff fixiert sind, desto genauer gelingt der Zuschnitt. Besteht ein Schnittteil aus einem Kontraststoff (z. B. der Bund), wird dieser extra zugeschnitten. Der Bund wird doppelt zugeschnitten, für den äußeren und inneren Bund. Außerdem wird die Gewebeeinlage zugeschnitten. Dazu legen Sie die Bundschnittteile auf die linke Gewebeseite und schneiden zu.

Achtung: Nachdem Sie zugeschnitten haben, machen Sie kleine Knipse an den entsprechenden Markierungen. Sie dienen als Orientierung, um zusammengehörige Schnittteile exakt aufeinander zu legen.

2 Rockbund mit Gewebeeinlage fixieren

Damit der Rockbund stabil bleibt und die Taille nicht ausleiert, wird der äußere und innere Bund mit einer Gewebeeinlage fixiert. Legen Sie die Gewebeeinlage-Schnittteile auf die linke Seite des äußeren und inneren Bunds und fixieren Sie die Einlage mit dem Bügeleisen. Die vorgegebene Hafttemperatur sollte eingehalten werde, da sich die Einlage sonst lösen kann. Zusätzlich können Sie die Taillennaht mit einem Einlageband sichern, um das Taillenmaß einzuhalten.

3 Schnittkanten versäubern

Als Nächstes werden bis auf die Bundkante und die Bundansatzkante des Rocks alle Schnittkanten mit Zickzackstich versäubert.

4 Schnittteile zusammennähen

Als Erstes wird die rechte Seitennaht geschlossen. Dazu legen Sie die Schnittteile rechts auf rechts aufeinander, fixieren diese mit Nadeln und steppen entlang der Nahtzugabe (1 cm). Nachdem die Naht geschlossen ist, bügeln Sie die Nahtzugaben auseinander. Die linke Seitennaht bleibt vorerst offen, da dort der Reißverschluss eingenäht wird. Danach schließen Sie die rechte Seitennaht des Vorderteil- und Rückteil-Bunds. Jetzt kann der Bund an der Bundansatznaht mit dem Rock verstürzt werden. Achtung: Die geschlossene Naht einschneiden, damit sich der Bund schön legen kann.

5 Verdeckten Reißverschluss einnähen

Grundsätzlich sollte der Reißverschluss 2 cm länger sein als der Reißverschlussschlitz. Öffnen Sie den Reißverschluss und legen Sie ihn mit der Oberseite auf die rechte Stoffseite der Nahtzugabe des Vorderteils. Drücken Sie die Spirale mit dem Daumen glatt, 1 cm von der Schnittkante, und fixieren Sie den Reißverschluss mit Nadeln an den Oberstoff. Jetzt können Sie den Reißverschluss feststeppen. Schließen Sie den Reißverschluss und fixieren Sie das zweite Reißverschlussband mit Nadeln auf der rechten Stoffseite der Nahtzugabe des Rückteils. Den Reißverschluss wieder öffnen und entlang der Nahtlinie feststeppen. Nahtzugaben nach innen schlagen. Schließen Sie dann den Reißverschluss wieder und schließen Sie die Naht bis zum Knips, also 2 cm über Reißverschlussende.

6 Bundkante mit innerem Bund verstürzen

Verstürzen Sie als Nächstes die Bundkante mit der inneren Bundkante. Die Bundkante wird eingeschnitten und die Nahtecken zurückgeschnitten. Die untere Kante des Innenbunds 0,8 cm einschlagen und von rechts im Nahtschatten der Bund-Ansatznaht steppen. Die Enden (linke Seitennaht) des Innenbunds einschlagen und am besten mit der Hand an das Reißverschlussband fixieren. Als letzten Schritt schlagen Sie den Rocksaum ein, bügeln ihn glatt und steppen bei 0,8 cm rundum.

ACHTUNG

Der Tellerrock hat, im Gegensatz zu den beiden anderen Grundschnitten, eine Saumzugabe von nur 1 cm. So lässt sich der Saum schöner nach innen umlegen.

#DSCHUNGEL #FARBENPRÄCHTIG #SCHILLERND
#SYMBOL DER SCHÖNHEIT #VERNISSAGE
Stylingtipps:
Pumps oder Ballerinas mit Glitzer
Tube Top aus Jersey oder Viskose
eng geschnittene kurze Jeansjacke
Accessoires in Gold

DER BLAUE PFAU

GRUNDSCHNITT C: DER TELLERROCK

MATERIAL

- Rock: mittelschwere Baumwolle in Marineblau, 130 cm
- Bund: Baumwolle in Schwarz, 30 cm
- Bund: Gewebeeinlage, 30 x 100 cm
- Kreise: Pfauenauge-Formelemente aus verschiedenfarbiger Seide, ca. 30 x 30 cm
- Lurex-Wollfaden: grün schillernd, ca. 100–200 cm
- Strasssteine zum Aufkleben
- Nahtverdeckter Reißverschluss in Marine, 22 cm
- Nähgarn, Ton in Ton für Oberstoff und Kontraststoff
- Preis: ca. 30–40 €

SO GEHT'S

Für die einzelnen Formen der Pfauenaugen können Sie Stoffe und Farben nach Belieben verwenden.

1 Rock nähen

Folgen Sie der Anleitung für Grundschnitt C, den Tellerrock, bis einschließlich Schritt 6.

2 Formelemente auf Karton zeichnen

Als Erstes übertragen Sie die einzelnen Formelemente, welche Sie im Musterbogen finden, auf einen festeren Karton. Die fertigen Kartonschablonen legen Sie auf die dafür vorgesehenen Stoffe und zeichnen diese mit einer spitzen Schneiderkreide knapp an der Schnittkante entlang ab. Schneiden Sie die Formelemente aus.

3 Formelemente anbringen

Was die Positionierung und das Arrangement der Formelemente angeht, können Sie sich am Foto orientieren oder frei gestalten. Fixieren Sie die Formelemente zunächst mit Stecknadeln über- und/oder nebeneinander auf der Vorderseite des Rocks. Steppen Sie sie dann wellenförmig mit einem Zickzackstich an ihren jeweiligen Schnittkanten auf den Tellerrock. Danach applizieren Sie beliebig viel oder wenig des Lurex-Wollfadens mit Zickzackstich auf das Pfauenauge. Die Anordnung des Lurex-Wollfadens auf den Formelementen können Sie frei gestalten. Folgen Sie z. B. den Außenkonturen der Formelemente. Der Zickzackstich ummantelt dabei den Faden, der mittig unter Ihrem Nähmaschinenfüßchen hindurchläuft. Sieht kompliziert aus, ist aber kinderleicht!

4 Strasssteine ankleben

Bringen Sie als Highlights Strasssteine auf dem Pfauenauge an.

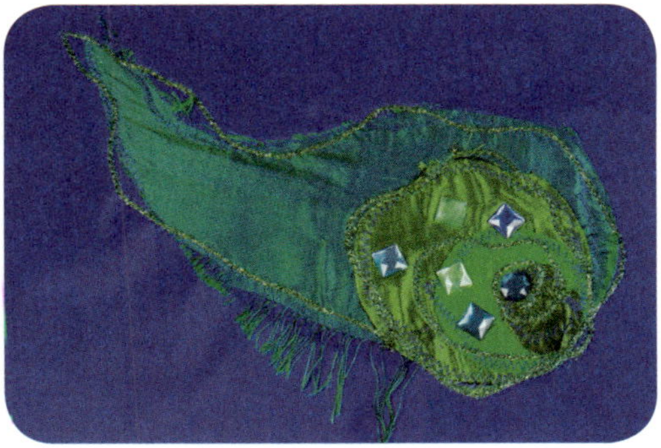

#80ER-GLAM #MADONNA #TANZTEMPEL #CRAZY #NEON #FRUCHTBOWLE #DREIFARBIGE STRAHLER

Stylingtipps:

Turnschuhe mit Plateau

Top oder Korsage in Schwarz

leggins

Accessoires mit Netz oder Nieten

DISCOKUGEL

GRUNDSCHNITT C: DER TELLERROCK

MATERIAL

- Rock und Bund: mittelschwere Baumwolle in Schwarz, 160 cm
- Kreise: Polyestertüll mit aufgeklebten Pailletten in Pink, Grün und Gold, jeweils 10 x 140 cm
- Bund: Gewebeeinlage, 30 x 100 cm
- Strasssteine zum Aufkleben
- Nahtverdeckter Reißverschluss in Schwarz, 22 cm
- Nähgarn, Ton in Ton für Oberstoff
- Preis: ca. 30–40 €

SO GEHT'S

1 Rock nähen

Folgen Sie der Anleitung für Grundschnitt C, den Tellerrock, bis einschließlich Schritt 7.

2 Kreise auf Papier zeichnen

Bekanntlich führen viele Wege nach Rom. Sie können die unterschiedlich großen Kreise mit einem Zirkel oder mittels einer Lochkreisschablone zeichnen. Oder noch einfacher: Sie zweckentfremden Haushaltsgegenstände wie z. B. Pfeffermühle, Cremetiegel oder Dose. Diese haben alle einen runden Boden, den Sie wunderbar auf Papier abzeichnen können. Verwenden Sie dazu ein etwas festeres Papier, z. B. Tonpapier 130 gr. Schneiden Sie die Kreise mehrfach aus verschiedenfarbigem Tüll aus und positionieren Sie diese mit Stecknadeln nach Belieben auf ihrem fertig genähten Tellerock. Entweder wild gemixt, kleine Kreise neben großen Kreise, im Farbverlauf oder nach Größe geordnet, etwa indem Sie am Rocksaum große Kreise und nach oben hin kleinere Kreise anbringen.

3 Kreise aufkleben oder -nähen

Zum Fixieren der Kreise haben Sie zwei Möglichkeiten: Entweder Sie steppen diese rundum knapp an der Kreiskante fest oder Sie verwenden zur Befestigung Textilkleber.

4 Strasssteine ankleben

Bringen Sie für den vollendeten 80er-Look nach Belieben Strasssteine zwischen den applizierten Kreisen an.

#BEZAUBERND #FEENHAFT #FLIESSEND #BLAUE LAGUNE
#PORTOFINO #SEMITRANSPARENT
Stylingtipps:
schwarze Heels oder
Flats in Lack
Bandeautop in Schwarz
oder Weiß
Tube Skirt in Schwarz
oder Blau für darunter
Augen-Make-up in
Aquamarine-Look

MEERJUNGFRAU

GRUNDSCHNITT C: DER TELLERROCK

MATERIAL

- Rock: Chiffon aus Seide oder Polyester in Blau, 130 cm
- Bund: fertiges Gummiband in Schwarz, 4 cm breit
  Länge des Gummibands = Ihr Taillenmaß abzüglich 2–3 cm
- **Achtung:** Bevor Sie das Gummiband zuschneiden, legen Sie es an Ihre Taille und messen es ab.
- Pailettenband in Dunkelblau, 4 cm breit
  Länge = Länge des Gummibands zuzüglich 2 cm
- Nähgarn, Ton in Ton für Oberstoff
- Preis: ca. 30–40 €

SO GEHT'S

1 Fertiges Gummiband an Rockteil nähen

Folgen Sie der Anleitung für den Tellerrock bis einschließlich Schritt 3. Bei diesem Rock wird kein Reißverschluss eingesetzt. Schließen Sie dann als Erstes eine Seitennaht, egal welche. Danach steppen Sie das Gummiband rechts auf rechts auf den Rock. Dabei dehnen Sie das Gummiband während des Zusammennähens auf das Taillenmaß des Rocks. Dadurch kräuselt sich der Rock. Schließen Sie nun die zweite Seitennaht und schneiden die Nahtzugabe des Gummibunds zurück. Zusätzlich können Sie einen Zickzackstich direkt über die Seitennaht des Gummibunds steppen, damit die Naht schön flach ist und nicht stört.

2 Paillettenband auf Gummiband steppen

Nachdem alle Nähte geschlossen sind, steppen Sie das Paillettenband mit einem leichten Zug auf das Gummiband und lassen dabei in der Rückenmitte 5 cm Gummiband frei. Dadurch ergibt sich eine Mehrweite des Paillettenbands. Diese braucht es, da sich das Paillettenband mit dem Gummi mitdehnen muss. Die Enden des Paillettenbands können Sie einzeln per Zickzackstich verriegeln.

3 Saum verarbeiten

Den Saum verarbeiten Sie am besten mit einem eng eingestellten Zickzackstich. Das hat den Effekt, dass sich der Rocksaum etwas ausdehnt. So schwingt er charmant.

TIPP

Achten Sie beim Annähen des Pailettenbands darauf, in der Richtung zu nähen, wie die Pailetten übereinanderliegen, damit sich keine quer stellt.

#SEXY #SPORTIV #STRUKTURIERT #NETZOPTIK
#MODERN #KUBISTISCH #PLATEAUABSATZ

Stylingtipps:
Pistol Boots oder
offene Schuhe mit
breiten Riemchen
weißes Oberteil
als Kontrast
Tube Skirt in Schwarz
für darunter
auffälliger Lidstrich
gestylte Haare

IM NETZ GEFANGEN

GRUNDSCHNITT C: DER TELLERROCK

MATERIAL

- Rock: Baumwoll-Polyester-Jersey mit Lochoptik in Schwarz, 130 cm
- Bund: fertiges Gummiband in Schwarz, 4 cm breit
  Länge des Gummibands = Ihr Taillenmaß abzüglich 2–3 cm
- **Achtung:** Bevor Sie das Gummiband zuschneiden, legen Sie es an Ihre Taille und messen es ab.
- Nähgarn, Ton in Ton für Oberstoff
- Preis: ca. 40 €

SO GEHT'S

1 Rock nähen

Zur Abwechslung mal etwas ganz Leichtes: Bei der Verarbeitung des Rocks gibt es keine besonderen Techniken. Orientieren Sie sich einfach an der Verarbeitung des Grundschnitts C, des Tellerrocks. Folgen Sie der Anleitung bis einschließlich Schritt 3. Bei diesem Rock wird kein Reißverschluss eingesetzt, Sie sind also schon fast fertig.

2 Fertiges Gummiband an Rockteil nähen

Schließen Sie als Erstes eine Seitennaht, egal welche. Danach steppen Sie das Gummiband rechts auf rechts auf den Rock. Dabei dehnen Sie das Gummiband während des Steppens auf das Taillenmaß des Rocks. Auf diese Weise kräuselt sich der Rock. Schließen Sie nun die zweite Seitennaht und schneiden die Nahtzugabe des Gummibunds zurück. Zusätzlich können Sie einen Zickzackstich direkt über die Seitennaht des Gummibunds steppen, damit die Naht schön flach ist und nicht stört.

3 Saum fertigstellen

Was die Verarbeitung des Saums betrifft, haben Sie zwei Möglichkeiten. Entweder fassen Sie den Saum mit einem fertigen, farblich passenden Schrägband ein oder Sie lassen den Saum einfach offen und unversäubert. Bei dem hier verwendeten Stoff können die Schnittkanten nicht ausfransen.

Sie können sich das Schrägband auch selber machen, indem Sie ein 3 cm breites Band (Länge wie Rocksaum oder halbiert oder geviertelt) 45 Grad vom Fadenlauf gemessen, zuschnei-

#DOWNTOWN MANHATTAN #LAS VEGAS #BY NIGHT
#LIGHT BEAMS #GOLD

Stylingtipps:
Top in Schwarz
Pumps
Clutch
Schmuck in Gold
auffälliges
Augen-Make-Up

SKYLINE GLAM

GRUNDSCHNITT B:
DER BLEISTIFTROCK

MATERIAL

- Rock: mittelschwerer Stretchstoff in Schwarz, 90 cm
- Beleg: Gewebeeinlage, 20 x 90 cm
- Zierband in Gold, ca. 70 cm
- Nahtverdeckter Reißverschluss in Schwarz, 22 cm
- Nähgarn, Ton in Ton für Oberstoff und Zierband
- Preis: ca. 40 €

SO GEHT'S

1 Schnittteile zusammennähen

Folgen Sie der Anleitung für Grundschnitt B, den Bleistiftrock, bis einschließlich Schritt 5. Achtung: Lassen Sie dabei jedoch in der linken vorderen Teilungsnaht 20 cm zum Saum hin offen.

2 Schlitzkanten knappkantig absteppen

Schlagen Sie die Nahtzugaben des Schlitzes ein und steppen Sie entlang der Schlitzkanten bei 0,8 cm.

3 Zierband aufbringen

Bevor Sie die Bundkante mit dem Beleg verstürzen, fixieren und steppen Sie das Zierband entlang der linken vorderen Teilungsnaht (auf dem VT Mitte).

4 Rock fertignähen

Danach schlagen Sie den Saum um und steppen bei 3,8 cm rundum. Als Letztes verstürzen Sie die Bundkante mit dem Bundbeleg.

#EXPRESSIV #KUNST #FREIHEIT
#AUSDRUCK #VERTRÄUMT #SURREAL

Stylingtipps:
bauchfreies Top
in Weiß
Sandalen mit hoher
weißer Gummi-
Plateausohle
Bronzing-Puder

FANTASIEGESICHT

GRUNDSCHNITT B: DER BLEISTIFTROCK

MATERIAL

- Rock und Volant: mittelschwere Baumwolle mit Elasthan in Weiß, 120 cm
- Beleg: Gewebeeinlage, 20 x 90 cm
- Textilfarbe in Rot, Pink, Blau, Grün, Gelb und Schwarz
- Nahtverdeckter Reißverschluss in Weiß, 22 cm
- Nähgarn, Ton in Ton für Oberstoff
- Preis: ca. 20–30 € zzgl. Textilfarben

SO GEHT'S

1 Volant zuschneiden und versäubern

Für diese Variante schneiden Sie zusätzlich den Volant zu: (1 x im Bruch VT, 1 x im Bruch RT) Versäubern Sie obere und seitliche Schnittkanten der Volant-Schnittteile mit Zickzackstich. **Vorsicht:** Die Schnittteile des Rocks schneiden Sie nur bis zur Schnittkante für den Rock mit Volant.

2 Schnittteile zusammennähen

Folgen Sie der Anleitung für Grundschnitt B, den Bleistiftrock, bis einschließlich Schritt 5. Schließen Sie dann die Querteilungnähte von Rock und Volant. Die Nahtzugabe der Querteilungsnaht wird nach oben gebügelt und per Zickzackstich fixiert. Verstürzen Sie die Bundkante mit dem Bundbeleg und steppen Sie 0,2 cm von rechts die Bundkante des Bundbelegs ab. Den Rocksaum können Sie per Zickzackstich verarbeiten. Auf diese Weise ergibt sich ein verspielter aufgedrehter Rocksaum.

3 Stoff mit Textilfarbe bemalen

Zeichnen Sie mit Schneiderkreide auf eine Rockseite die Hälfte eines Fantasiegesichts. Das Gesicht ist in der Mitte von einer farbigen Linie durchtrennt. Zeichnen Sie eine halbe Gesichtskontur mit Wangenknochen, ein geschlossenes Auge mit Wimpern, eine Augenbraue und einen halben Kussmund. Die Nase lassen Sie weg oder deuten sie nur an. Malen Sie nun mit einem Pinsel und Textilfarbe in verschiedenen Farben die Gesichtskonturen nach. Zusätzlich können Sie den Rock auf der freien Hälfte, aber auch auf der Hälfte mit dem Fantasiegesicht mit einem breiten Pinsel abstrakt bemalen. Fixieren Sie zuletzt die Stofffarbe nach Packungsanleitung.

#HOT AND SWEET #STYLISH #KNALLIG #MUTIG
#COLOUR BLOCKING #SCHLEIFE

Stylingtipps:
pink- oder orangefarbenes Top oder Tube Top in Schwarz
pinkfarbene Peep-Toe-Pumps oder Ballerinas

PINK LADY

GRUNDSCHNITT B: DER BLEISTIFTROCK

MATERIAL

- Rock und Schleifenband: mittelschwere Baumwolle mit Elasthan in Pink, 70 cm
- Volant und Schleifenband: mittelschwere Baumwolle mit Elasthan in Knallorange, 80 cm
- Beleg: Gewebeeinlage, 30 x 100 cm
- Nahtverdeckter Reißverschluss in Pink, 22 cm
- Nähgarn, Ton in Ton für Oberstoff und Kontraststoff
- Preis: ca. 30–40 €

SO GEHT'S

1 Volant und Schleifenband zuschneiden und versäubern

Für diese Variante schneiden Sie zusätzlich den Volant zu: (1 x im Bruch VT, 1 x im Bruch RT) Zusätzlich schneiden Sie für das Schleifenband zu: (2 x Rechteck in Pink, 8 x 70 cm, 2 x Rechteck in Orange, 10 x 70 cm)

Versäubern Sie obere und seitliche Schnittkanten der Volant-Schnittteile mit Zickzackstich.

Achtung: Die Schnittteile des Rocks schneiden Sie nur bis zur Schnittkante für den Rock mit Volant zu.

2 Schnittteile zusammennähen

Folgen Sie der Anleitung für Grundschnitt B, den Bleistiftrock, bis einschließlich Schritt 5. Achtung: Die Seitennähte lassen Sie dabei vorerst offen, da dort das Schleifenband eingenäht wird. Schließen Sie dann die Querteilungsnähte von Rock und Volant. Die Nahtzugabe der Querteilungsnaht wird nach oben gebügelt und per Zickzackstich fixiert.

3 Schleifenband nähen

Verstürzen Sie jeweils ein pinkes und oranges Teil des Schleifenbands miteinander und bügeln Sie die beiden Bänder. Steppen Sie entlang aller Kanten bei 0,5 cm so ab, dass auf beiden Seiten 0,5 cm Kontraststoff (Baumwolle in Orange) vorpaspeliert werden.

4 Rock fertignähen

Legen Sie die Enden des Bands in die Seitennaht (2 cm unterhalb der Bundkante). Achten Sie darauf, dass die Rockschnittteile rechts auf rechts liegen und die langen Enden des Schleifenbands nach innen zeigen. Schließen Sie die Seitennähte. Verstürzen Sie die Bundkante mit dem Bundbeleg und steppen die Bundkante bei 0,2 cm ab. Schlagen Sie die Rocksaumnaht 1 cm nach innen und steppen Sie bei 0,8 cm ab.

#BUSINESS PUNK #GRAFFITI #MEETING
#EXTRAVAGANT #PARTY #DRINKS #LOVE

Stylingtipps:

enges Top
schwarze Lederjacke
schlichte Brogues
Fingernägel in
Chanel N° 18
Rouge Noir

ZIGZAG AFTER WORK

GRUNDSCHNITT A: DER MINIROCK

MATERIAL

- Rock: leichte Schurwolle mit Elasthan in Grau, 50 cm
- Volant und Bund: Kunstleder mit Lochoptik in Schwarz, 60 cm
- Bund: Gewebeeinlage in Schwarz, 30 x 100 cm
- Textilfarbe für dunkle Stoffe in Rot und Schwarz
- Strasssteine zum Aufkleben
- Nahtverdeckter Reißverschluss in Schwarz, 22 cm
- Nähgarn, Ton in Ton für Oberstoff und Konstraststoff
- Preis: ca. 40 €

SO GEHT'S

1 Volant zuschneiden und versäubern

Für diese Variante schneiden Sie zusätzlich den Volant zu. Bevor Sie zur Schere greifen, verkleinern Sie die beiden Volant-Schnittteile, sodass sie an den Minirock passen. An beiden seitlichen Kanten, die zur Seitennaht zeigen, verlegen Sie die Schnittkante parallel um 2,5 cm nach innen. Die Schnittteile werden schmaler. Zeichnen Sie die neue Linie am besten mit dem großen Geodreieck. Vergessen Sie nicht, auch die Knipse auf die neue, innere Schnittkante zu verschieben. Schneiden Sie erst dann zu:
(1 x im Bruch VT, 1 x im Bruch RT)
Versäubern Sie obere und seitliche Schnittkanten der Volant-Schnittteile mit Zickzackstich.
Vorsicht: Die Schnittteile des Rocks schneiden Sie nur bis zur Schnittkante für den Rock mit Volant zu.

2 Schnittteile zusammennähen

Folgen Sie der Anleitung für Grundschnitt A, den Minirock, bis einschließlich Schritt 5. Schließen Sie dann die Querteilungsnaht von Rock und Volant. Die Nahtzugabe der Querteilungsnaht zeigt nach oben und wird per Zickzackstich fixiert. Als nächstes verstürzen Sie die Bundkante mit dem Bundbeleg und steppen die Bundkante bei 0,2 cm ab. Den Saum des Volants können Sie variabel kürzen und offenkantig verarbeiten. Der Stoff franst nicht aus.

3 Schriftzug „Love" und Strass aufbringen

Zeichnen Sie mit einer Schneiderkreide den Graffiti-Schriftzug „Love" seitlich auf Ihren Rock. Malen Sie mit einem Pinsel den Schriftzug in roter Textilfarbe nach.
Die Seitennähte auf der Vorderseite können Sie mit schnellen waagrechten Strichen in Schwarz übermalen. Die gewischten Pinselstriche ergeben auf dem grauen Stoff einen Wandeffekt, auf dem das Graffiti leuchtet und erst richtig wirken kann. Fixieren Sie die Stofffarbe nach Packungsanleitung.
Zusätzlich können Sie den Rock unterhalb des Bunds mit bunten Strasssteinen verzieren. Kleben Sie diese auf der Vorderseite ca. 5 cm breit auf, um einen fröhlichen Look zu erzielen.

#ZWEILAGIG #TRANSPARENT #SCHLITZE #LUFTIG
#REIZVOLL #NACKTES BEIN #STREET STYLE

Stylingtipps:

bauchfreies Top in Schwarz
Riemchen-High-Heels oder Pistol Boots
Hut mit breiter Krempe
Smokey Eyes

MINI-MAXI

GRUNDSCHNITT A: DER MINIROCK

MATERIAL

- Rock und Bund: leichter Stretchstoff in Schwarz, 80 cm
- Bund: Gewebeeinlage 30 x 100 cm
- Maxirock: Polyesterchiffon in Schwarz, 90 cm
- Nahtverdeckter Reißverschluss in Schwarz, 22 cm
- Nähgarn, Ton in Ton für Oberstoff
- Preis: ca. 40–50 €

SO GEHT'S

1 Chiffonrock zuschneiden

Für diese Variante schneiden Sie zusätzliche Rock-Schnittteile aus dem Chiffon. Achtung: Dazu verlängern Sie die Minirock-Schnittteile (außer dem Bund) an den Seitenkanten um ca. 40 cm. Schneiden Sie dann zu: Maxirock (1 x im Bruch VT Mitte, 2 x VT Seite, 2 x RT Mitte, 2 x RT Seite)

2 Maxirock nähen

Versäubern Sie alle Schnittkanten der Chiffonschnittteile mit Zickzackstich. Danach legen Sie die vorderen Teilungsnähte ca. 0,5 cm überlappend links auf rechts aufeinander und steppen ca. 25 cm von oben nach unten an der Nahtlinie entlang, je nach erwünschter Schlitzlänge. Auch die hinteren Teilungsnähte nähen Sie von oben nach unten zusammen. **Achtung:** Die hintere Mitte des Maxirocks bleibt offen. Schließen Sie nun die Seitennähte des Maxirocks.

2 Minirock nähen

Folgen Sie der Anleitung für Grundschnitt A, den Minirock. Achtung: Nähen Sie den Bund noch nicht an den Minirock.

4 Mini und Maxi zusammennähen

Ziehen Sie den Maxirock so über den Minirock, dass die jeweiligen Bundansatznähte aufeinander zu liegen kommen. Bevor Sie den Bund an den Rock nähen, fixieren Sie die beiden Röcke an der Bundansatznaht. Das vereinfacht das Zusammennähen des Bunds mit dem Rock. Jetzt kann der Bund an der Bundansatznaht mit den beiden Röcken verstürzt werden.

TIPP

Eine Verlängerung des Rocks um ca. 40 cm ergibt eine knöchellange Version, die besonders schmeichelhaft wirkt. Denkbar ist aber auch eine überknielange oder Midi-Variante.

#EVERGREEN #50ER #VERSPIELT-MÄDCHENHAFT
#SCHÖSSCHEN #EXTRAVAGANT #GUTE LAUNE
Stylingtipps:
Top in Schwarz
schwarze Plateauschuhe oder spitze Ballerinas
schwarzer Lidstrich
große Haarschleife

MODERN DOTS

GRUNDSCHNITT A: DER MINIROCK

MATERIAL

- Rock, Bund und Schößchen: mittelschwere Baumwolle mit Elasthan, gepunktet, 100 cm
- Bund: Gewebeeinlage, 30 x 100 cm
- Nahtverdeckter Reißverschluss in Schwarz, 22 cm
- Nähgarn, Ton in Ton für Oberstoff
- Preis: ca. 20–30 €

SO GEHT'S

1 Schößchen zuschneiden und verstürzen

Für diese Variante schneiden Sie zusätzlich aus dem Pünktchenstoff zu:
Schößchen (2 x im Bruch)
Falten Sie die beiden Schößchen jeweils in der Bruchlinie und verstürzen Sie sie.

2 Minirock nähen

Folgen Sie der Anleitung für Grundschnitt A, den Minirock. Achtung: Nähen Sie den Bund noch nicht an und schließen Sie die Seitennähte noch nicht, da die Schößchen in diesen Nähten mitgefasst werden.

3 Rock fertigstellen

Die fertig verstürzten Schößchen werden jeweils am Umbruch (siehe Knips) einmal umgeschlagen und in die Seitennaht mit eingefasst. Danach schließen Sie die Seitennähte, nähen den Bund an die Bundansatznaht (die Schößchen liegen dabei jeweils auf dem VT Seite und werden in der Bundnaht mitgefasst) und verstürzen die Bundkante schließlich mit dem inneren Bund.

TIPP

Groß gemusterte Stoffe wie der hier verwendete Pünktchenstoff haben einen Rapport. Beachten Sie diesen bereits beim Zuschnitt, wenn Sie Musterverschiebungen an den Teilungsnähten vermeiden wollen.

#RÜSCHE #FRANSE #PERLENKETTE #FEMININ
#TWEEDKOSTÜM #LUXUS #STILBRUCH #BUSINESS

Stylingtipps:

Perlenkette
Chanel-Stepptasche mit Kettengliedern
Boots
Bluse in Weiß
Chanel No. 5

FANCY COCO CHANEL

GRUNDSCHNITT A: DER MINIROCK

MATERIAL

- Rock und Rüschenband: Schurwolle mit Elasthan in Grau, 60 cm
- Bund: Baumwolle mit Elasthan in Pink, 30 cm
- Bund: Gewebeeinlage, 30 x 100 cm
- Rüschchenband: aus Seide, 3 cm x 120 cm in Pink sowie 3 cm x 120 cm in Goldgelb
- Nahtverdeckter Reißverschluss in Grau, 22 cm
- Nähgarn, Ton in Ton für Oberstoff und Kontraststoff
- Preis: ca. 30 €

SO GEHT'S

1 Rock nähen

Folgen Sie der Anleitung für Grundschnitt A, den Minirock, bis einschließlich Schritt 6.

2 Rüschenbänder zuschneiden

Schneiden Sie 3 cm breite und ca. 120 cm lange Stoffstreifen zu: zwei Streifen aus dem Hauptstoff und je einen Streifen in den Kontrastfarben. Die beiden Schnittkanten der Streifen ca. 0,5 cm ausfransen, mit einem großen Stich (ohne dabei Anfang und Ende zu verriegeln) steppen und kräuseln.

3 Rüschenband auf den Rock steppen

Um die Position der Rüschen auf ihrem Rock festzulegen, zeichnen Sie mit Schneiderkreide Hilfslinien auf den Rock. Teilen Sie die Bänder quer in der Mitte und steppen Sie die Rüschbänder einzeln von oben nach unten auf den Rock. Die äußere Rüschchenlinie beginnt etwas außerhalb der vorderen Teilungsnaht (unter dem Bund) und verläuft diagonal bis halbwegs zur vorderen Mitte. Die drei anderen Rüschenbänder können Sie parallel nach innen auf den Rock steppen. Die vier übrigen Rüschenbänder steppen Sie spiegelverkehrt auf die andere Rockseite. So ergibt sich eine V-Form, die jeder Figur schmeichelt.

TIPP

Besonders Dupionseide eignet sich gut für die Rüschenbänder, denn diese lässt sich schön ausfransen.

#FROZEN YOGURT #GESCHLAGENE SAHNE
#PASTELLFARBEN #FEIN #ZART #BLOND #SOMMER
Stylingtipps:
Ballerinas in Metallicgold oder -silber
leichtes Oberteil in Bleu, Rosé oder Weiß

SÜSS WIE SOFTEIS

GRUNDSCHNITT A: DER MINIROCK

MATERIAL

- Rock: Polyester mit Elasthan in Taupe, 50 cm
- Bund: Polyester mit Elasthan in Rosé, 30 cm
- Bund: Gewebeeinlage, 30 x 100 cm
- Faltenlegung: Dupionseide in Rosé, Bleu, Lindgrün, 3 x ca. 15 x 15 cm
- Lurex-Wollfaden in Beige oder Gold, ca. 100 cm
- Strasssteine in Pastelltönen
- Nahtverdeckter Reißverschluss in Taupe, 22 cm
- Nähgarn, Ton in Ton für Oberstoff und Kontraststoff
- Preis: ca. 30 €

SO GEHT'S

1 Rock nähen

Folgen Sie der Anleitung für Grundschnitt A, den Minirock, bis Schritt 4. **Achtung:** Nähen Sie den Bund noch nicht an, da das Ende der Faltenlegung darunter verschwindet.

2 Falten legen

Legen Sie nun die drei verschiedenfarbigen Stoffe sternförmig wie abgebildet aufeinander und steppen Sie die Drapierung links oben entlang der Bundansatznaht und der Seitennaht auf den Rock. Fixieren Sie die einzelnen Falten per Zickzackstich. Verzieren Sie die Faltenlegung mit einem wellenförmigen Steppmuster. Danach steppen Sie den Lurex-Wollfaden per Zickzackstich sternförmig auf die Faltenlegung. Nach Belieben können Sie zusätzlich Strasssteine aufkleben.

3 Bund annähen und Rock fertigstellen

Nachdem Sie die Faltenlegung fertig gestaltet haben, nähen Sie den Rockbund aus Kontraststoff an den Minirock. Orientieren sich an der Verarbeitung von Grundschnitt A, dem Minirock. Folgen Sie dann weiter Schritt 5 und 6 der Grundanleitung und stellen Sie den Rock fertig.

TIPP

Für die Faltenlegung verwenden Sie am besten Dupionseide. Diese gibt es immer in einer großen Farbauswahl, und Sie können sich Ihre Lieblingspalette zusammenstellen.

IMPRESSUM

Bibliografische Information der Deutschen Bibliothek.
Die Deutsche Bibliothek verzeichnet diese Publikation in der deutschen Nationalbibliografie.
Detaillierte bibliografische Daten sind im Internet über http://www.d-nb.de/ abrufbar.

Ein Buch der Edition Michael Fischer
1. Auflage 2015

Konzept: Anna Zwicklbauer
Projektmanagement: Heike Fröhlich
Lektorat: Ute Wielandt, Baar-Ebenhausen
Cover: Bernadett Linseisen
Layout und Satz: Verena Raith, Bernadett Linseisen

Bildnachweis:
Corinna Brix: 12, 16, 20, 24, 26, 28, 30, 32, 34, 36, 38, 40, 42, 44, 46
shutterstock: 8 li. Africa Studio, 8 re. SERGEI PRIMAKOV
Silke Türck: 7

ISBN 978-3-86355-375-3

Printed in Slovakia

www.emf-verlag.de

ÜBER DIE AUTORIN

„Das Schönste ist die Weiterentwicklung.
Als Kreativer darf man sich nicht
auf ein Muster festlegen, sondern muss
sich immer wieder neu erfinden.
Der bewusste Geist übertrumpft alles
und das wahre Glück liegt in uns selbst."

Die in Stuttgart geborene Designerin Caroline Fischer hat an der Münchener Modeschule ESMOD studiert. Unmittelbar nach ihrem Studium, das sie 2004 mit Auszeichnung abschloss und nach einem Praktikum beim Hersteller Lodenfrey in Wien wurde Caroline als Designerin für Lodenfrey übernommen. Seither gestaltet sie die Damenkollektion „Poldi" (Prinz von Bayern) und die junge und innovative Herrenkollektion „Frey Erfunden". Die Presse wurde erstmalig 2006 auf die Designerin aufmerksam, als sie ihre Dirndlkollektion unter dem Namen „Frey Erfunden" im Lenbachhaus und im Jahr darauf im Münchener Club P1 präsentierte. 2010 eroberte ihr Nacht-der-Tracht-Dirndl die Herzen der Münchner. Ihr eigenes Fashionlabel „CF Couture" gründete Caroline 2013 in München.
Ihr großes Vorbild ist ihre französische Mutter, die 1995 verstarb. Zu diesem Zeitpunkt lebte Caroline bei der Mutter in dem pittoresken Ort Morcote am Luganer See. Marie Martin Fischer schuf in kurzer Zeit ein beeindruckendes Erbe an Gemälden, Kleidern und Kostümen. Der ständige Drang ihrer Mutter nach Veränderung und Weiterentwicklung hatte großen Einfluss auf die Arbeit und das Leben von Caroline.